Género Ficción realista

Pregunta esencial
¿Cómo inspiran los animales a los escritores?

La ensenada del delfín

Paul Mason
ilustrado por Martin Sanders

Capítulo 1

Adiós a una vida

Natalia miraba con tristeza por la ventana del bus. El letrero sobre el restaurante decía Ensenada del Delfín. No se podía negar el hecho de que habían llegado. El pueblo se veía aburrido y gris, pero tal vez la ventana estaba opaca, o quizá, Natalia se sentía así.

La puerta del bus se abrió y el olor a pescado flotó hacia adentro, envolviendo a Natalia como si fuera una manta. En la acera, el abuelo y la abuela sonreían radiantes junto al bus, con los brazos estirados. Natalia y su madre devolvían las sonrisas y los saludaban con las manos.

—Es fantástico estar en casa, papá —dijo la mamá de Natalia después de subir al auto—. Habríamos querido estar aquí en otras circunstancias.

—Para muchas personas resulta difícil —dijo la abuela—, pero no te preocupes, pronto estarás de nuevo en camino.

Ella se inclinó y estrechó la mano de Natalia.

—De todos modos, nos alegra poder pasar un tiempo con ustedes dos.

—Yo también estoy feliz, abuela— respondió Natalia con poco entusiasmo.

Mientras el auto tosía a lo largo de la calle principal, la vida anterior de Natalia en la ciudad parecía un mundo lejano. Cuando su mamá perdió su trabajo, Natalia sabía que les quedaban muy pocas opciones para continuar pagando el apartamento donde vivían. Este lugar era realmente tétrico, desde su punto de vista: Ensenada del Delfín ofrecía comida, había una tienda, un hotel polvoriento, una estación de gasolina en la autopista y no mucho más.

"¿Dónde pasan el rato los chicos en este lugar?", se preguntaba Natalia.

El abuelo se mostró lleno de vida mientras conducían hacia su casa.

—Ahora vas a regresar a tu antigua habitación, Katia —le dijo a la mamá de Natalia.

—Natalia, tenemos una sorpresa para ti. La hemos preparado desde cuando supimos que ustedes vendrían a quedarse. ¡Espera a verla! —dijo el abuelo, riéndose suavemente entre dientes.

Cuando llegaron a la casa, la sorpresa prometida hizo poco para levantar el ánimo de Natalia. El abuelo y la abuela habían convertido el viejo estudio de la parte trasera de la casa en una habitación para ella. Había una alfombra sobre el piso de concreto, un estante para libros y una pequeña cama con una mesita de noche. Natalia dio lo mejor de sí misma para parecer complacida.

—Tardamos eternidades en sacar todos los trastos. Pero, todavía necesita una capa de pintura —confesó la abuela cuando todos se detuvieron para observar lo que sería la habitación de Natalia.

—Lo mejor de todo —dijo el abuelo— es que puedes sentarte en tu cama y observar el mar a través de la ventana.

Natalia asintió sin mucha convicción. Luego preguntó:

—¿Hay una computadora?

El abuelo puso una cara larga:

—No tenemos computadora; lo siento. Pero Bill, en el restaurante, dijo que puedes usar la suya si la necesitas.

—La habitación es genial —dijo la mamá de Natalia—. ¿Verdad, Natalia?

La niña sonrió tímidamente.

—Ahora, Natalia, ¿qué tal si me das una mano con el bote y vamos a pescar antes de la cena? —preguntó el abuelo—. Puedes instalarte más tarde.

Natalia sacudió la cabeza:

—No, gracias, abuelo. Creo que me quedaré aquí. Espero la llamada de un amigo.

—Tal vez en otra ocasión —dijo el abuelo, decepcionado.

Detective del lenguaje

¿Cuál es el complemento circunstancial en la oración subrayada?

—¿Sobre qué crees que podrías escribir?

Natalia levantó los ojos para ver a la señorita Herrero. Estaba parada junto a su mesa.

—No estoy segura —contestó Natalia—. Tal vez sobre el lugar donde antes vivía.

—Eso podría funcionar —dijo la señorita Herrero—. Así, la clase podría saber un poco más sobre ti.

La campana sonó como una pandereta y Natalia observó a los demás mientras charlaban y bromeaban al salir en fila del salón. Todos se veían tan contentos mientras ella se sentía frágil y triste.

En el recreo, Ángela, la niña que le habían asignado como compañera, corrió hacia Natalia.

—Iremos al Centro Comercial Pirámide con mi mamá el sábado. ¿Quieres venir? —le preguntó Ángela.

—¿Hay un centro comercial? —preguntó Natalia sorprendida.

—Está a 15 minutos en auto —dijo Ángela arrancando un pedazo de papel de su libreta—. Este es mi número, por si quieres venir.

Natalia se sintió avergonzada porque Ángela había sido realmente amigable durante toda la semana y sus respuestas habían sido irritables.

—Eso sería maravilloso. Le preguntaré a mi mamá —replicó.

Era extraño sonreír otra vez después de tanto tiempo.

Cuando Natalia le preguntó a su mamá si podía ir al centro comercial con Ángela, ella sacudió la cabeza.

—Sé que debes hacer nuevos amigos, pero estaremos muy ocupadas este fin de semana. Debemos comenzar a pintar tu habitación.

Natalia volvió la espalda, con lágrimas en sus ojos.

Entonces, el sábado, mientras el abuelo estaba afuera en su bote, Natalia y su mamá ayudaron a la abuela a pintar el viejo estudio. Mientras trabajaban, las dos mujeres cantaron, bromearon e intercambiaban recuerdos. Sin embargo, para todos era obvio que había una nube oscura sobre Natalia.

Detective del lenguaje	**Busca una oración con complemento circunstancial en esta página.**

Capítulo 3

En el agua

Esa tarde, después de terminar de pintar e instalar los muebles en la habitación de Natalia, ella y su madre salieron a dar un paseo por la playa. El viento amainó y el océano estaba liso como un cristal reflejando las alegres luces de Ensenada del Delfín, a lo lejos, en la bahía.

—Este lugar me trae muchos recuerdos. Cuando era niña pasaba muchas horas en esta playa. Me parece que el pueblo era más animado en esa época, supongo que muchas familias se han ido —dijo la mamá de Natalia.

—¿Cuándo nos marcharemos *nosotras*? —preguntó Natalia.

—Por ahora, no. Me va a tomar un tiempo ahorrar el dinero suficiente para vivir nuevamente por nuestra cuenta —le respondió moviendo la cabeza.

—Extraño nuestra antigua vida.

—Lo sé. Yo también. Pero piensa en nuestra suerte: contamos con la ayuda del abuelo y la abuela.

Natalia se encogió de hombros y suspiró.

—Ellos también pueden recibir nuestra ayuda en la casa y en el bote del abuelo. Tal vez, hasta se podría ofrecer esa ayuda con una sonrisa —dijo la mamá, codeando suavemente a Natalia y bromeando.

Natalia miró fijamente hacia el agua. Sabía que su mamá tenía razón porque, desde que se mudaron, había estado muy abatida, enfurruñada y haciendo sentir mal a todo el mundo. Lo menos que podía hacer era ofrecerse para ir a pescar con el abuelo. Se lo preguntaría cuando regresaran de su caminata.

A la mañana siguiente, el abuelo se levantó temprano y con entusiasmo. Él y Natalia saldrían después del desayuno. Desde su habitación, Natalia lo escuchaba silbar mientras trapaleaba en la cocina y cargaba cosas en el bote. Golpeó en la puerta de Natalia y fisgoneó sonriente.

—No tienes que levantarte ya mismo, pero la abuela está preparando sus famosos panqueques —le dijo el abuelo a Natalia.

Natalia se vistió y entró a la cocina. Allí se encontró a su abuela, que estaba preparando los panqueques.

—Si vas a salir en ese bote, durante toda la mañana, con este capitán, debes tener el estómago lleno —dijo la abuela alegre.

—¡Presiento que hoy tendremos un buen recorrido! Especialmente ahora que tendré mi segunda al mando a bordo —dijo el abuelo haciéndole un guiño a Natalia.

Una vez entraron en aguas abiertas, fue evidente que los peces no compartían el plan del abuelo. Él intentó pescar con distintos cebos, anzuelos y cañas, pero no lo logró. Natalia y él intercambiaron los lados del bote, una superstición del abuelo. Él levó el ancla y movió el bote a otro lugar. Ni siquiera así lograban pescar algo.

Natalia trató de verse como si se estuviera divirtiendo, pero en realidad, su pensamiento estaba lejos de la pesca. Ella contemplaba el mar y se preguntaba qué estarían haciendo sus amigos de la, ahora, remota ciudad. Fue entonces cuando alcanzó a ver que ¡una aleta cortaba el agua! Ella vio el destello de la luz del sol sobre la lisa y oscura piel antes de que se sumergiera de nuevo bajo la superficie.

—¡Tiburón!, ¡Mira, Abuelo! —gritó Natalia señalando hacia el agua.

La aleta emergió de nuevo deslizándose a través del agua como un cuchillo.

—Bueno. Por esto los peces huyen asustados —respondió el abuelo mirando y dándole una palmadita en el hombro a Natalia—. No es un tiburón. ¿Ves que la aleta es curva? Es un delfín.

Capítulo 4

Permanecer cerca

Natalia miraba a través del agua, hacia el lugar donde había visto la aleta. La forma lisa y brillante brotó nuevamente sobre la superficie y Natalia creyó escuchar un suspiro. Después vio más aletas, cuatro, tal vez cinco, que se juntaban. Los cuerpos oscuros de los delfines saltaron a través de las aguas calmadas y luego se sumergieron otra vez bajo la superficie. La manada de delfines parecía moverse con rapidez. Ella pensó que, probablemente, el bote podría alcanzarlos.

El abuelo leyó sus pensamientos:

—¿Por qué no tratamos de alcanzar una mejor vista? A ellos no les molesta siempre que les demos suficiente espacio.

Encendió el motor y esperó hasta que Natalia sacó el ancla antes de poner gasolina en el motor.

Mientras seguía al grupo de delfines, el pequeño bote se mecía sobre las olas.

El frío rocío del mar se sentía muy bien en el rostro de Natalia y ella le sonreía al abuelo.

Mientras las olas golpeaban los costados del bote, el abuelo apagó el motor y el bote se detuvo. Natalia veía a los delfines, a poca distancia, hacia uno de los lados del bote, y contemplaba sus relucientes cuerpos arqueados sobre la superficie cuando saltaban sobre el agua. Natalia quiso nadar a su lado, para ver qué se sentiría estar deslizándose a través del agua, de ese modo.

De repente, un par de delfines se separaron del grupo y giraron vertiginosamente en amplios círculos. Sus movimientos eran urgentes y apresurados. Uno de ellos salió disparado con gran velocidad hacia el bote. Bajo la superficie, la forma oscura se dirigió a ellos como si el delfín quisiera golpear un costado del bote. Sin embargo, cambió de dirección en el último momento y se alejó. Segundos más tarde, cargó contra el bote de nuevo.

—¿Qué están haciendo, abuelo? —preguntó nerviosamente Natalia.

—¿Alcanzas a ver a ese delfín allá, en el centro de la manada? —contestó el abuelo, agarrado a un lado del bote, mientras observaba al grupo—. Parece que tiene problemas para nadar. Creo que está herido y los demás quieren protegerlo. No estoy seguro de que les agrade nuestra presencia aquí.

Detective del lenguaje	**¿Cuál es el complemento circunstancial en la oración subrayada?**

Natalia miró atentamente a la manada. Vio que uno de los delfines parecía estar en apuros y se preguntó cómo no lo había notado antes. El delfín flotaba cerca de la superficie. Se veía débil y apenas movía la cola. Había otro delfín que nadaba a su lado y lo empujaba con su hocico. Daba la impresión de que los delfines tomaban turnos para cuidar a su compañero y evitar que se hundiera y se ahogara.

El abuelo silbó.

—He escuchado que los delfines se cuidan entre sí de este modo. Ayudan al que está débil hasta que pueda nadar por su propia cuenta.

Natalia observó otra forma oscura que se lanzaba hacia el bote y navegaba por debajo.

—Tal vez es hora de que los dejemos solos —afirmó.

—De acuerdo. No queremos que gasten sus fuerzas preocupándose por nosotros —respondió el abuelo y encendió el motor.

El motor fuera de borda chirrió y el abuelo condujo el bote de vuelta hacia la costa. Cuando el bote rozaba la superficie del agua, Natalia miró hacia atrás, a los delfines, hasta que las formas oscuras se desvanecieron. Sus pensamientos eran confusos.

Los delfines le recordaban algo. En ese momento lo comprendió: los delfines le recordaban a sus abuelos. Natalia y su madre habían venido a Ensenada del Delfín porque necesitaban ayuda, y, el abuelo y la abuela estaban allí, ayudándolas a mantener sus cabezas fuera del agua. ¿Cómo es que no se había dado cuenta de eso antes?

Observó al abuelo conducir el bote a través de las olas, con el sombrero muy bien puesto sobre sus blancos cabellos y el rostro iluminado por el sol. Por primera vez, desde que ella y su madre habían llegado a Ensenada del Delfín, se sentía feliz de estar con su familia.

—Ahora tienes algo para contarle a tus amigos el lunes en la escuela —dijo el abuelo con alegría.

"Y será un buen motivo para mi tarea de escritura descriptiva", pensó y asintió.

—Abuelo —dijo Natalia sonriendo—, ¿puedo limpiar el bote cuando regresemos?

Respuesta a la lectura

Resumir

Usa detalles importantes de *La ensenada del delfín* para resumir el cuento. Usa el organizador gráfico como ayuda.

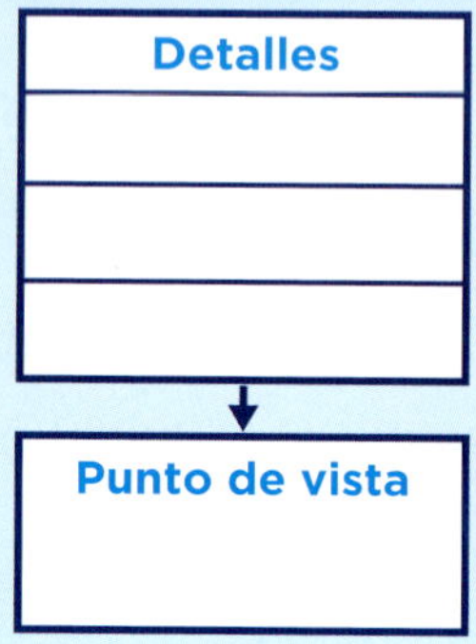

Evidencia en el texto

1. ¿Cómo sabes que *La ensenada del delfín* es ficción realista? **GÉNERO**

2. ¿Este cuento lo relata un narrador en primera o en tercera persona? Usa detalles del texto que te permitan identificar el punto de vista del autor. **PUNTO DE VISTA**

3. ¿Qué significa "abriéndose paso entre los pupitres" en la página 6? **LENGUAJE FIGURADO**

4. Escribe acerca de cómo la descripción de los delfines cambiaría si hubiese sido escrita desde un punto de vista diferente. **ESCRIBIR SOBRE LA LECTURA**

Género **Poesía**

Compara los textos

Lee algunos poemas inspirados en animales.

La familia polilla

María Elena Walsh
(escritora argentina)

La polilla come lana
de la noche a la mañana.
Muerde y come, come y muerde
lana roja, lana verde.

Sentadita en el ropero
con su plato y su babero,
come lana de color
con cuchillo y tenedor.

Sus hijitos comilones
tienen cuna de botones.
Su marido, don Polillo,
balconea en un bolsillo.

De repente se avecina
la señora Naftalina.
Muy oronda la verán,
toda envuelta en celofán.

La familia polillal
la espía por un ojal,
y le apunta con la aguja
a la Naftalina bruja.

Pero don Polillo ordena:
–No la maten, me da pena;
vámonos a otros roperos
a llenarlos de agujeros.

Y se van todos de viaje
con muchísimo equipaje:
las hilachas de una blusa
y un paquete de pelusa.

Bailando el pan jarabe

Décimas de la tradición popular de Perú

Bailando el "pan jarabe"
se le cayó la tumbaga,
haciendo la limeñada
en la corriente del aire.

1

Estaba el tigre y el león
y el camello con el oso,
un elefante furioso
en esta gran reunión;
en eso cayó el halcón
preguntando por las aves,
y decía: "¿Cómo es dable
que esté de puertas afuera?"
Luego llegó la pantera
bailando el "pan jarabe".

2

De músico aficionado
estuvo allá el borrico,
el añas, siendo tan chico,
como jefe fue nombrado;
el gallinazo, a su lado,
de leva partida estaba;
luego el buitre llegaba
con su preciosa golilla,
y bailando con la ardilla
se le cayó la tumbaga.

3

De vihuelista, el caballo
estaba en la reunión,
y cantando socavón
estaba el sapo y el gallo.
Luego llegó el papagayo
y con su bastón sonaba,
el loro le contestaba
como animal ardiloso,
y el mono como gracioso
haciendo la limeñada.

Illustration: Julio Granados

4

Muy futre estaba el lagarto
vestido de azul-marino
y andando por un camino
él se topó con el gato,
se regresó en el acto
temiendo fuera a empuñarle,
y la paloma cobarde
remontó con mucho afán,
huyendo del gavilán
en la corriente del aire.

Haz conexiones

¿Qué circunstancia pudo inspirar a la autora a escribir "La familia polillal"? **PREGUNTA ESENCIAL**

¿Por qué piensas que los animales inspiraron a los escritores de *La ensenada de delfín*, "La familia polillal" y "Bailando el pan jarabe"? **EL TEXTO Y OTROS TEXTOS**

Enfoque: Género

Poesía En los poemas se emplea el lenguaje figurado, como el símil o la metáfora, para transmitir una descripción o un sentimiento. Algunas veces, el escritor omite palabras para recalcar el significado.

Lee y descubre En la selección complementaria de textos, los poemas están inspirados en diversos animales.

En "La familia polillal" la escritora emplea metáforas para describir a las polillas. Por ejemplo, las polillas comen "con cuchillo y tenedor". Quiere decir que ellas son muy educadas.

Tu turno

Entre compañeros, escojan una fotografía o una ilustración de un animal que les interese. Inspírense en ellas y compongan un pequeño poema.

No olviden emplear un símil y una metáfora para transmitir una imagen fuerte del animal.

Muestren el poema que escribieron junto a las imágenes en las que se inspiraron.